カザフ刺繍

Қазақ біз кесте

廣田千恵子　カブディル・アイナグル

中央アジア・遊牧民の手仕事

伝統の文様と作り方

はじめに

日本の皆様、はじめまして。カブディル・アイナグルです。
モンゴル国の西端、バヤン・ウルギー県で暮らすカザフ人です。

カザフの手芸には様々な種類があります。この本で紹介する「ビズ・ケステ」(かぎ針刺繍)はそのひとつで、
我々カザフ人の文化的習慣でもあります。先祖より今日に至るまで途切れることなく続いて、
民族の文化的歴史の発展を支えました。

私たちは壁掛け布や衣服などの表面に刺繍をする時、カザフ伝統の文様を施します。
文様は人々の望みを表した「ファンタジー」であり、心や感情の変化を象った絵として表現されます。
長年にわたり受け継がれてきたこの刺繍技法を、よりよいかたちで未来へ繋いでいくことは、
現代の私たちの大きな義務であると考えています。

刺繍・裁縫のよき技術者として名が知られていた母から、その技術を受け継いで、50年ほどの時が経ちます。
私は、これまでに刺繍を通じてたくさんの外国の人々と知り合いました。そのうちの一人が廣田千恵子さんです。
彼女は私の刺繍に興味を持ち、バヤン・ウルギーを頻繁に訪れては、毎日我が家に来るうちに、
だんだんと親戚のような深い関係となり、そして一緒に仕事をするように。
彼女がカザフの刺繍を日本で紹介したことにより、多くの日本人が興味を持ってくれるようになりました。

カザフ刺繍の本を作ることは、私たちが出会った頃からの夢でした。
この夢の実現のために、たくさんの時間を刺繍に捧げ、
多くの仕事を成し遂げてきました。ようやくその夢が叶いました。

どうかこの本が、日本の、そして広く世界の人々に愛されるものになりますように。

Хавдыл Айнагүл
カブディル・アイナグル

はじめに 002

chapter i
カザフ人の装飾文化と刺繍 006

1 | 遊牧民族 カザフ 008
2 | カザフの遊牧文化 010
3 | カザフの装飾文化 014
4 | 受け継がれる伝統文化 026

chapter ii
カザフの伝統文様 028

縁に施す装飾模様 030
角の形状を用いた縁に施す装飾模様 031
文様のアクセントとしての模様 032
文様のアクセントとしての花模様 035
正方形に組み合わせた角文様 036
民具の縁の装飾用模様 038
リボンの柄のような文様 039
帯状の文様 040
円形に組み合わせた文様 042
腎臓文様 046
菱形に組み合わせた文様 047
花を集めた模様 048
5枚の花びらを持つ花 049
用意するもの 050
作り方 051

contents

chapter **iii**

華麗なるトゥス・キーズの世界 080

カブディル・アイナグルの刺繡世界 096

chapter **iv**

身近な服や
小物に取り入れて 102

バッグ
花と葉の模様 A 104

バッグ
花と葉の模様 B 105

ブラウス
花と葉の模様 C 106

ブラウス
腎臓模様 107

ワンピース
花と葉の模様 D、E 108

スカート
角模様 A 110

ストール
角模様 B 111

サロペット
角模様 C 112

カザフ刺繡を見ることができる博物館 123
かぎ針以外のカザフ刺繡 124
おわりに 126

chapter
1
カザフ人の装飾文化と刺繍

モンゴル国の西の端〝バヤン・ウルギー〟には
「カザフ」と呼ばれる遊牧民族が、
今も牧畜を営みつつ暮らしています。
そこには独自の文化があり、
装飾文化の刺繍の華やかさには目を奪われます。
彼らの民族としての歴史、文化を紹介します。

民族の歴史

「カザフ」という言葉を聞いて、何が思い出されるでしょうか。多くの方の脳裏には、「カザフスタン」という国名が思い浮かばれるかもしれません。しかし、このカザフという言葉は、カザフスタンだけを指す言葉ではありません。

「カザフ」は民族の名称です。カザフは中央アジアに居住する遊牧民族の一集団で、元々は現在のカザフスタンにあたるカザフ草原一帯に暮らしていました。ところが19世紀に入ると、ロシア帝国との間でたびたび衝突が起こり、次第に帝国側の支配を受けるようになりました。そして遂に一部のカザフ人は住み慣れた土地を離れ、新たな安寧の地を求めて移動していきました。その移動は決して楽なものではありませんでした。カザフ人たちは移動の最中、虐殺・疫病・強制隔離など数々の苦難を経験しました。人々がやっとの思いで辿り着いた先は、アルタイ山脈の南麓でした。アルタイ山脈は中華人民共和国からロシア連邦にまたがる巨大な山脈で、その南麓は現在の中国・新疆ウイグル自治区にあたります。

カザフ草原から移住したカザフ人は、しばらくはその地を拠点に暮らしていましたが、彼らに対する清朝からの外圧が強まると、19世紀後半、一部のカザフ人は再び移動し、アルタイ山脈の南麓と北麓を行き来しながら遊牧生活を送るようになりました。

20世紀初頭に各地で国家が誕生すると、彼らは徐々に国境を越えて移動することができなくなり、国境制定時にいた場所の国民として生きることになりました。こうしてカザフ草原を離れて移動したカザフ遊牧民の子孫たちは、現在、ロシア連邦、中国・新疆ウイグル自治区、モンゴル国、トルコ共和国など、世界各地に点在して暮らしています。

モンゴル国のカザフ人

モンゴル国に暮らすカザフ人の人口は約10万人といわれています。この数はモンゴル国の全人口のおよそ4％を占めます。カザフ人はモンゴル人同様に遊牧文化を有しますが、両者の間には衣食住の様々な習慣において多くの違いが見られます。またカザフ人はイスラームを信仰していて、多くがチベット仏教を信仰するモンゴル人とは宗教的にも異なる考え方を持ちます。

モンゴル国のカザフ人の約8割は、バヤン・ウルギー県

1 遊牧民族 カザフ

と呼ばれる地域で暮らしています。モンゴル国の最西端に位置するこの県は、首都ウランバートルから1,700kmほど離れています。

　1924年、モンゴル人民共和国が成立したばかりの頃、遊牧民による国境をまたいだ移動は依然として行われていました。ところが1930年代に入ると、移動をしようとした人々と、その移動を防ごうとする国の軍隊との間に、たびたび衝突が起こります。こうした不安定な状況を落ち着かせるひとつの策として、1940年にバヤン・ウルギー県が設置されました。これはある意味では人々の自由な移動を制限するために取られた措置ですが、モンゴル国がカザフ人に土地を与えたことによって、カザフ人は長く求めていた安寧の地をようやく手にすることができました。

　バヤン・ウルギーとはモンゴル語で「豊かなゆりかご」という意味を持つ言葉です。その名が与える印象の通り、人々はこの地で争い事のない安定した平和な暮らしを送ることができました。彼らは自分たちの母語であるカザフ語を使って生活し、カザフ独自の民族文化を継承してきました。そんなバヤン・ウルギー県の様子を見て、県外から訪れるモンゴル人は「まるで外国に来たみたいだ」と驚くほどです。

　この地域の自然環境にはいくつかの気候的・地理的特徴が見られます。バヤン・ウルギー県の面積は46,000km²で、これは日本でいうと九州地方全域の面積よりもやや大きい程度です。アルタイ山脈の中に位置するこの県の平均標高は約1,600mですが、最も高いところは4,300mに及ぶなど、地域によって標高差があるのが特徴です。また、同県の年間平均降水量は100mm程度と、東京の7月に降る平均降水量にも満たないほどで、全体として非常に乾燥しています。

　そんな乾燥地域であるにもかかわらず、一方で低地では大きな川や湖を目にします。これは木の少ないアルタイ山脈の山中で降った雨が、山肌に保水されずにそのまま山麓に流れ込むことによります。山麓に流れ込んだ水は、川や湖を形成し、低地に生えている草や植物に栄養を与えるのです。

　このようにバヤン・ウルギー県の自然環境は高低差、乾燥、限られた水資源という特徴を持ち、人々はこうした自然条件を最大限に活かしつつ暮らすために、家畜を飼って生活をする「牧畜」という生業を選択してきました。

上｜若い鷹匠の男性。この地域の鷹匠は馬に乗って移動し、キツネやマヌルネコといった獲物を狙う。
下｜夏営地における放牧風景。山の斜面に生えた草を求めて家畜がゆっくりと進む。穏やかな時が流れていく。

牧畜民の子供。生まれたばかりの仔ヒツジを抱えて「僕のヒツジだから、守ってあげなくちゃ」と意気込む。

2 | カザフの遊牧文化

家畜とともに生きる暮らし

　元々、カザフ人は家畜を飼って暮らす牧畜という生業のうち、季節ごとによい状態の草と水を得られる場所に移動する「遊牧」という牧畜形態をとって暮らしていました。しかし20世紀初頭になって各地に国境が引かれるようになると、遊牧民の移動は制限されるようになりました。

　社会主義期を経て、バヤン・ウルギー県に暮らすカザフ人の牧畜形態は、家畜の管理方法や移動の仕方などにおいて大きな変化を経験しました。特にバヤン・ウルギー県ではその自然環境に合わせて、高低差を利用した「移牧」とよばれる牧畜形態がとられるようになりました。現在も県の全世帯の半数近くが、移牧式の牧畜を専業としています。

　カザフ人が扱う主な家畜は、ヒツジ、ヤギ、ウシ、ウマ、ラクダです。人々は日々家畜を放牧に出し、必要に応じてその乳、肉、毛、毛皮を得ます。また、ウマとラクダは乗用や、荷物を運ぶ使役としても利用してきました。

　5種類の家畜にはそれぞれ特性がありますが、とりわけ

ヒツジは「豊かさを象徴する財」として好まれる家畜です。それはヒツジが衣食住のあらゆる場面において活躍するから。たとえば食生活において、ヒツジの肉は身体を温める作用を持つものとして積極的に消費されます。特に客人には、必ずヒツジの肉を出してもてなさなければなりません。夏期にはヒツジの搾乳も行い、ウシ・ヤギの乳と混ぜて多種多様な乳製品を作ります。衣服としては、ヒツジを屠る時に同時に得られる毛皮が、冬に着用するコートとして利用されます。氷点下40度近くにも達する極寒の冬を乗り越えるための必需品といえるでしょう。

　ヒツジは住環境を整えるためにも欠かせません。夏になると、ヒツジの毛を刈ります。なかでも仔ヒツジの毛はフェルトの材料として利用されます。仔ヒツジの毛で作られたフェルトは、遊牧生活を営む上で欠かせない住居である天幕型住居ウイ(ユルタ)の上部と外側の覆いとなります。さらに、仔ヒツジのフェルトは住居の内部で使用される敷物スルマック(サルマック)の材料でもあります。他にもヒツジの毛は紡がれて毛糸となり、紐を作る時に用いられます。このようにカザフ人たちは、ヒツジをはじめとする家畜を様々に扱いながら、草原での暮らしを成り立たせてきました。

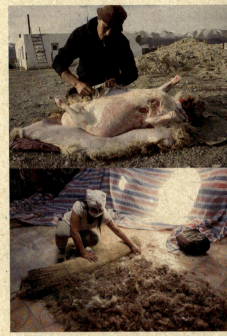

上｜ヒツジを屠っている様子。毎年初冬に、次の夏までの糧を準備する。男性が肉を切り分け、女性が内臓を洗う。
中｜フェルトを制作しているところ。ほぐした毛を簾の上に均等に広げて、巻き上げてから圧縮する。
下｜夏営地での搾乳の様子。夕方になると群れを一度小屋の近くに戻し、ヒツジの首に縄で繋いで一斉に搾乳する。

天幕型住居キーズ・ウイと装飾

上｜天幕型住居キーズ・ウイの中でお茶を飲む鷹匠の男性。カザフ人は一日に何度も集まって家族とのお茶を楽しむ。
下｜キーズ・ウイの外観。外側は薄い白い布で覆われていて、その内側にフェルトが巻かれている。
右頁｜キーズ・ウイの内部。色鮮やかな装飾で埋め尽くされている状態は、その家の女性がよく働いている証拠。

　カザフ語で住居全般のことを、「ウイ」といいます。バヤン・ウルギー県のカザフ人が暮らす住居は、大きく2種類に分けられます。ひとつは、カザフ語で「キーズ・ウイ」と呼ばれる天幕型の住居です。草原に暮らす遊牧民の家といえば、この家の形を思い出す方も多いでしょう。「キーズ・ウイ」とは、直訳すると「フェルトの家」を意味します。この住居は、モンゴル語では「ゲル」、中央アジア全体では「ユルタ」とも呼ばれています。

　もうひとつは、「スタック・ウイ」と呼ばれる固定の木造住宅。「暖かい家」を意味するこの木造住宅は、1970年代頃から使用されるようになりました。現在、カザフ人は季節ごとに、この2種類の住居を使い分けて生活しています。

　キーズ・ウイは、自分で組み立て、解体、運搬、修理ができるため、移動を常とする牧畜民の生活に適しています。骨組みは全て木材で、扉、壁、屋根棒、天窓といったパーツを紐で結び、繋ぎ合わせて組み立てます。そして外壁に防砂壁を巻き、その上からフェルトを巻き、その上にビニールをかぶせ、最後に白い布で全体を覆って、完成させます。木製の蛇腹状の壁は、凹凸のある地面でも立てることがで

きるという長所があります。また外側の覆いをめくれば風通しもよく、夏は木造の固定家屋よりも涼しく快適に過ごせます。一方で、カザフのキーズ・ウイは屋根棒の構造により天井が高くなってしまうため、強風に弱く、室内が暖まりにくいという短所があります。そのため現在では主に夏(6月から9月)の間だけ使用されています。それ以外の時期は、固定の木造住宅にて生活しています。

キーズ・ウイの内部に一歩足を踏み入れると、その一面を覆う室内装飾の数々に圧倒されることでしょう。その装飾はまるで博物館の展示品のような…いいえ、実際に生活で使われているせいか、展示品以上の迫力を持っていて、見る人の目を奪います。天井、床、壁、ベッド周りなど、どこをみても色とりどりの美しい飾りで埋め尽くされているのです。モンゴルのゲルの内部にもきれいな装飾は見られますが、これほどの量ではありません。キーズ・ウイ内部の装飾はその家の女性の手によって施されます。装飾には主にカザフの民族文様が使用されます。

キーズ・ウイの内部はひとつの空間になっています。人と人を区切る壁はなく、家族は常に近くで顔を合わせながら過ごしています。扉から入って向かって右側に男性の馬具などの仕事用具が、左側に台所用品など女性の仕事道具が置かれます。壁に沿うようにベッドが、中央にストーブ炉が置かれて、その奥は団らんの場となっています。誰かがお茶を飲み始めれば、自然とみんな集まって一緒にお茶を飲み、会話を交わします。誰かが仕事をしていれば、すぐ目につくので自然とみんな協力し合って作業を分担します。家族がとても近い場所で寝食を共にするこの生活スタイルが、家族間の絆をより強く深めていくのです。

カザフのキーズ・ウイは単なる生活空間として機能しているわけではありません。夏期にはウイの中にたくさんの親族や友人を招待して、頻繁に宴会を催します。招待された人々は、たくさんのお菓子や乳製品を振舞われ、ベスバルマックというヒツジの肉の煮込み料理をいただき、ドンブラと呼ばれる民族楽器を使って歌をうたい、おいしい馬乳酒をいっぱい飲んで、心もお腹も満たしてそのひと時を楽しみます。ウイという空間は、家族を越えた人と人の繋がりを強める場所なのです。

防砂壁オラガン・チーを作っている様子。水辺に生える葦のような固い植物を、自作の錘機（おもりばた）で織り繋ぐ。

3 ｜ カザフの装飾文化

美しき女性の手仕事――刺繍・織り

　装飾行為は、カザフにおいて女性の大切な仕事のひとつとして認識されています。美しく装飾を施す女性は、「理想的なカザフの嫁」として社会的に讃えられます。一方で自分で身の回りを飾ることができない女性は、仕事ができないと見なされ悪い噂の対象になることもあります。

　カザフ人は、刺す、織る、編む、巻くといった技法によって、装飾しますが、なかでも刺す技法は、最も一般的な装飾技法として知られています。刺繍全般のことをカザフ語で「ケステ」といいます。カザフ人は針またはかぎ針を使って、布・フェルト・革などの素材に刺繍します。

　たとえば針でフェルトを刺して作られる「スルマック」という敷物があります。スルマックの表面には、ひと針ひと針丁寧に刺し子をすることによって、民族文様が施されます。刺し子は、敷物を丈夫にする上でも重要です。スルマックはカザフの人々にとって大切な家具であり、何枚も作って家に置いておきます。また家に客人が来た時に床に必ず敷き詰めます。

織り全般のことをカザフ語で「テルメ」といいます。カザフ人が織るものは、主に天幕型住居キーズ・ウイの内部を飾るベルト紐です。カザフ人は地面に杭を打ちこんで経糸に張力をかける、いわゆる「杭機（いばた）」と呼ばれる織機を使って紐を作ります。織られるものの幅は、5～30cmと様々。その幅に合わせて、民族文様が織り込まれます。織られた紐は固く丈夫で、単なる飾りとしてだけではなく、キーズ・ウイを建てる時に要所を縛るためにも使用されます。

　刺繍や織り以外にも、単純に色糸を素材に巻き付ける方法で装飾する技法もあり、キーズ・ウイの外壁に巻かれる防砂壁の装飾がそれにあたります。この防砂壁は、チーとよばれる川沿いに生える固くて細長い植物を編んで作られるもので、日本の筵（むしろ）に似ています。カザフ女性は、チーを編む前にチーに色糸を巻き付けることによって、民族文様や幾何学文様を施します。糸で装飾を施した防砂壁のことを、カザフ語で「オラガン・チー」といいます。こうして糸を巻き付けて防砂壁の隙間をなくすことによって、砂だけではなく、ネズミなどの害獣が入ってこないように気を付けています。

　こうした装飾行為には様々な目的があります。初めに触れたとおり、カザフ社会において、装飾は女性の重要な仕事のひとつで、女性たちは身の回りにたくさんの装飾を施すことで勤勉さを示し、社会的評価を得ます。また装飾は単なる飾りつけだけではなく、日常生活における機能性を伴った家具・用具を作るための技術でもあります。さらに身の回りに民族文様を積極的に施す行為は、移民である彼らが、新たな土地で自分たちの新しい居場所を創出していく上でも、必要な行動であったといえるでしょう。民族文様の多用は、自分たちの民族意識を高めることにも、外部に対して存在をアピールすることにも繋がったと考えられます。

　このように、彼女たちの熱心な装飾行為の背景には様々な目的が考えられます。しかし何よりも、装飾はカザフの女性たちにとって、家族への愛情を表現するための大切な手段なのです。カザフ文様は、人が幸せな状態になることを願って使われます。昨今、文様が印刷された製品が市場に多く出回っているにもかかわらず、カザフ女性がわざわざ時間と労力をかけて、自分の手で文様を施す理由は、彼女たちが文様の意味をよく理解しているからこそ。家族を想う深い気持ちが、装飾行為の原動力となっているのです。

上｜織り紐テルメ・バオの制作の様子。杭を使って経糸を上下にしっかりと張り、緯糸を差し込みながら織る。
下｜織っている手元。経糸を順番にすくい上げながら織ることによって、文様が浮かび上がってくる。

種雄ヒツジの角

側面から見たヒツジの角

腎臓

鳥の羽

カザフ文様について

　カザフの民族文様は、基本的には上下左右対称になるように構成されています。つまりひとつの基本パーツを上下反転、さらに左右反転させていくつも組み合わせることによって作られます。折り紙を折って作る切り絵のイメージです(p.019の写真参照)。

　カザフ文様は主に曲線的な形状をしています。この形を見て、日本の方は唐草文様をイメージするかもしれません。

実際、曲線的な文様は世界各地に伝播し、広く用いられている形です。しかし同じような形を見ても人々がイメージするものは同じではなく、文様によってそれを使う人・民族それぞれの世界観が表されます。

　カザフの曲線的な文様は、「ヒツジの角」をモチーフに作られています。「種雄ヒツジの角(コシカル・ムイズ)」、「側面からみたヒツジの角(スナル・ムイズ)」、「ヒツジの頭(コイドン・バス)」など、文様につけられた名称はヒツジの角に関するものばかりです。なかには「腎臓」をモチーフにした文様もありま

ラクダの首(「ラクダの瘤のような角」とも言う)

花と葉

つぼみ

まだらな虫

す。「どうして腎臓なの?」という疑問を抱かれる方も多いでしょう。カザフ人に尋ねても曖昧に返答されるばかりですが、トルコなど他のテュルク系民族の間にも腎臓をモチーフにした文様が見られることからも、カザフに限らず遊牧民が臓器のひとつとして腎臓の重要性を認識していたためではないか、と考えられます。また腎臓がたくさん表に出ている状態とは、それだけたくさんの家畜を屠ることができるということを意味していて、家畜の数が多い豊かな状態を想起させるともいわれています。

こうした家畜の身体の部位を表した文様は、いずれも「豊かさ」や「富」を意味します。カザフ人は、その文様のひとつひとつのパーツに異なる意味を込めて使い分けるというよりは、どの文様も同様に人々の幸せな状態を意味するものとして意識しています。たとえばヒツジの角の形の文様を多用することによって、遊牧民にとっての生きた財産であるヒツジがたくさんいる状態を表現し、自分の家族が豊かで幸せであるようにと願いを込めるのです。

ヒツジの角以外の家畜・動物に関する文様には、「イヌ

ビタミン

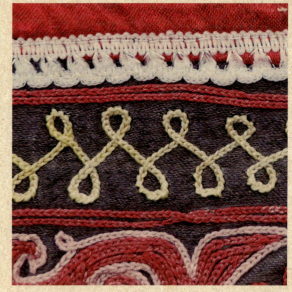
麦の頭

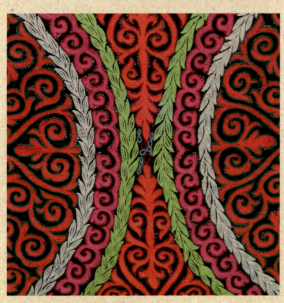
麦

白鳥

ワシのくちばし（ブルクットン・ムルン）」、「鳥の羽（コス・カナル）」、「ラクダの首（トゥィエ・モイン）」「ラクダの瘤のような角（トゥィエ・ウルケシ）」などがあります。

また「花（グル）」・「葉（ジャブラク）」・「つぼみ（ブルチク）」などの植物をモチーフにした文様・模様もあります。植物をモチーフとした文様は、子孫繁栄を願って使われるといわれます。花の模様そのものをカザフの民族文様としてとらえるかどうかは賛否両論ありますが、植物の茎の部分にヒツジの角文様が用いられるなど、独自の形に変えて使用されています。一部の花柄は中央アジアの他の地域から入ってきた絨毯や輸入布に用いられた柄が広まって使用されるようになったものもあり、使用される文様にはその時々の流行が反映されます。

さらに文様と文様の境界を示すために使われるモチーフもあります。「まだらな虫（アラ・コルト）」と呼ばれるストライプの柄は、万物の二面性を表す文様ともいわれます。その他「水（スオ）」、「ビタミン（ビタミン）」、「麦の頭（ビダイ・バス）」、「麦（ビダイ）」と呼ばれる様々な形の文様があります。

折り紙を対角線で折り畳む[1〜4]。
↓
図案を描く[5]。
↓
切り抜く[6]。
↓
開く[7]。
↓
配置する[8]。

　カザフ人はイスラームを信仰していることもあり、カザフ文様には幾何学文様や無限に続くパターン構成など、多少なりイスラーム美術の影響を受けた側面も見受けられます。しかしイスラームの幾何学文様ほどの緻密さはありません。さらにはイスラーム世界においては、仮に偶像としてではなくとも一般的に忌避される傾向にある造形、たとえば特定の人物や白鳥・虎・キツネ・鹿などの動物の姿が、カザフではそのまま模様として描かれます。このことからは、この地域のカザフ人が宗教に関係なく、独自の発想とセンスを持って模様を選択している様子がうかがえます。

　いずれにしても、カザフ人が文様のモチーフとするものは、自然の中に生きる彼らが日常的に目にしている美しいと思うものであり、豊かさや強さ、憧れを感じるものです。人々はそういったものが身近にある幸せな状態がずっと続いてほしいと思う願いを込めて、文様を使用しています。

カザフの刺繍壁掛け布 トゥス・キーズ

　天幕型住居キーズ・ウイの内部に使用される数々の装飾品・装飾家具の中でも、最も装飾性が高いものとして、内壁にかけられる壁掛け布（タペストリー）が挙げられます。全面にびっしりと刺繍が施されたこの壁掛け布のことを、カザフ語でトゥス・キーズといいます。トゥスはカザフ語で「目に見える範囲」を、キーズは「フェルト」を意味します。元々、住居内部に使用する壁掛けはフェルトで作られていました。しかし市場に他の社会主義国から輸入された布や糸が出回るようになると、使用する素材がフェルトから布に変わり、表面に施す刺繍の量も増えて、現在のような壁掛け布が作られるようになったのです。

　トゥス・キーズの主な用途は、ウイ内部の防寒・防塵と、装飾です。そしてこの壁掛けは母から結婚する子供へ贈る家財道具のひとつとして、必ず準備されます。そのためトゥス・キーズの制作は、主にお母さん（女性）の重要な仕事として位置づけられています。

　トゥス・キーズ1枚の大きさは、縦130cm×横220cmほどです。これを仕上げる期間は平均で2〜3か月ほど。思ったより早いと感じる方も多いでしょう。その秘密は刺繍技法にあります。トゥス・キーズの刺繍は主にかぎ針で施されますが、かぎ針刺繍は、一度針の扱いに慣れると、短期間でたくさん刺せるようになります。また縫い目の大きさを一定に揃えて刺繍もできるようになります。

　トゥス・キーズに使われる模様は、主にカザフの民族文様です。ただし特定の花柄の多用、文様の形の簡略化など、刺繍される模様には折々に変化がありました。ミシンでトゥス・キーズが作られ始めた1980年代以降、文様の曲線的なうねりはミシンで縫いやすいように簡略化されるようになりました。

　トゥス・キーズ上の文様の配置にも、年代ごとに流行があります。文様の配置は主に4つのパターンに分けられます。ひとつは、大小ふたつの門が重なっているかのような長方形の組み合わせの中に文様が配置されるものです。一説によると、この形は子孫が続くことを祈って使われてい

大小ふたつの門が重なっているかのような、長方形を重ねた形のトゥス・キーズ。オーソドックスで好まれているデザイン。

たといわれます。こうした文様の配置パターンは、キルギスなど中央アジアの他の民族の壁掛け布にも見られます。1970年代初めまでは、このパターンのみが使用されてきました。ところが1970年代半ば以降は、丸型の文様をたくさん配置するものや、菱形の文様を配置するものが流行。さらにそうした配置に全くとらわれず、自由に文様や模様を配置して作られるオリジナルのものも登場しました。

トゥシュ・キーズはその全面にびっしりと刺繍されますが、よく見ると下の方は一部刺繍されずに文様の下絵が残されていることがあります。この理由には諸説あります。ひとつは、完璧なものは神しか作ることができないというイスラームの発想にのっとって、中途半端な部分を残すというもの。またトゥシュ・キーズが子孫繁栄を象徴するものであるから、下を閉じて子孫を絶やしてはいけないという説もあります。さらに、トゥシュ・キーズは人の愛情や想いを表現したひとつの世界であるから、その想いを閉じないようにするために、あえて縫わないという人もいます。

トゥシュ・キーズを隅々までよく見ると、端の方に小さく制作年や制作者の名前が刺繍されていることがあります。トゥシュ・キーズが贈り物として作られた場合、贈る相手へのメッセージが刺繍されていることも。そうした文字や使われている文様、文様の配置デザイン、縫い目の細かさ、使われた素材など、ひとつひとつに目をむけることが、そのトゥシュ・キーズに秘められた歴史と想いを紐解く手がかりとなるのです。

人の数ほど、想いの数ほど、様々なトゥシュ・キーズが作り出されてきました。そんななかでも、母親が家族へのありったけの愛情を込めて作ったトゥシュ・キーズは、それを見る人を強烈に惹きつけます。刺繍と文様からひしひしと伝わってくる強い気持ちに、何度胸を打たれたかわかりません。そんなトゥシュ・キーズは、どこの家庭でもだいたい5〜6枚飾られ、内側の壁をぐるりと覆っています。まるで、お母さんの愛情が家と家族を包み込んで守っているかのように。トゥシュ・キーズは、まさに愛の布なのです。

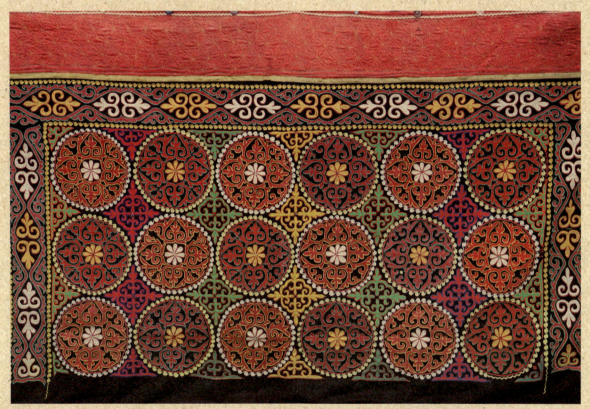

丸型の文様を配置したデザインのトゥシュ・キーズ。丸の数は特に定まっていないが、18個または15個が一般的。

菱形を繋げたようなデザインのトゥス・キーズ。この菱形のことをカザフ語でチャルチャという。

花の模様は丸型、菱形、長方形に収めずに自由に配置されることが多い。

文様の下絵を描く

　カザフ人は刺繍をする時、布に文様の下絵を描いてから刺します。自分で下絵を描ける人もいれば、人に頼んで描いてもらう人もいます。頼む場合は、近所に住んでいる器用な人か、オヨーシと呼ばれる文様を描くことを専門とする人に依頼します。その際、御礼としてお金を支払うか、対価となるような品物を渡します。

　自分で描く場合、その方法は様々です。牛乳と歯磨き粉を混ぜた液体を使って、フリーハンドで描く方法があります。この液体は、修正液のように少し固く、乾くと水で洗わない限りは消えません。または石鹸を使って下書きをすることもあります。ただし石鹸はこすると消えてしまうので、ざっくりとした大きな文様を描く時のみ使用します。細かい文様を布に描くときは、あらかじめ厚手の紙の上に文様を描いて、その文様に沿って針で穴をあけ、型を作ります。その型紙を布の上に載せたら、牛乳と歯磨き粉を混ぜた液体、あるいは小麦粉を型の上からこすり、穴から下の布に落として型を写します。

　時間と労力とたくさんの材料（糸・布）を使って作るものですから、できるだけ美しいものに仕上げようと、それぞれ丁寧に文様を布に写します。女性たちは訪問した家のトゥス・キーズに使われている文様もチェックして、きれいな文様があれば写させてもらうか、描いてもらうなど、よいトゥス・キーズを作るために常に情報を集めています。

　ごくまれに、布に全く下絵を描かずとも、補助線だけあれば刺繍できる人がいます。そういった女性は、社会的にも高く評価され、尊敬されます。

牛乳と歯磨き粉を混ぜた液体を作り、木を削って作ったペシにとり、フリーハンドで図案を描いているところ。

文様を布に写している様子。文様に沿って穴があいている。この紙を布の上に置いて液体をすり込んで写す。

かぎ針刺繡について

壁掛け布トゥス・キーズの制作の際に使用される主な刺繡技法は、かぎ針刺繡です。かぎ針刺繡のことを、カザフ語で「ビズ・ケステ」といいます。

カザフの女性はこの刺繡技法を結婚する前に習得します。早い人は5〜6歳から興味を持って学び始め、遅い人だと16〜18歳頃に結婚を意識するようになってから学びます。母親、あるいは周囲にいるかぎ針刺繡が上手な女性のそばで、その人が縫っている様子を見て、その手法を覚えます。母親は娘に刺繡を教える時、最初に布の上に小さい文様を描いたものを与え、それを完成させます。ひとつ縫えたら徐々に文様を大きくして、最終的には1枚のトゥス・キーズを作れるように導きます。

カザフのかぎ針刺繡の技法は、特別難しいというわけではなく、根気よく反復することによって誰でも縫えるようになります。使う道具もかぎ針と枠、といたってシンプル。道具も自分たちの手製で準備します。針は自転車のタイヤのスポークやティースプーンの柄の部分をダイヤモンドヤスリで削り、枠は身の回りで手に入る木材や鉄材などを合わせて作ります。枠の大きさは様々ですが、ある程度熟練した人は高さ1m弱、幅70cmほどの大きなものを用意します。

刺繡に用いる材料は主に布と糸です。かぎ針刺繡の場合、ツイルやデニム、コーデュロイといったしっかりした生

現地で使用されているかぎ針。持ち手にテープを巻くなどして自分が持ちやすいように調整する。先端は鋭い。

かぎ針刺繍をする女性。高齢で、大きな枠を持ち抱えられなかったので、ベッドに立て掛けて刺繍していた。

地が好んで使用されます。糸はたいてい糸巻き機を使って、自分たちで綿糸に撚りをかけて、ちょうどいい太さに調節しながら準備します。1960～80年にかけては、チェコから輸入された刺繍糸8番（コットンパール）がよく使われていました。ところが1980年代以降、ソビエト圏全体の経済状況が悪化すると、モンゴルの市場ではそのような糸を入手できなくなりました。人々はやむを得ず、古着や木綿布を裂いて撚って、なんとか刺繍糸を準備しました。カザフの女性たちは、刺繍の道具も材料も、基本的に自分たちの身の回りにあるものだけを使って準備し、その中で最大限の美しいものを作ろうと努力してきたのです。

　大きな枠を抱えて縫うこのかぎ針刺繍は、決して楽な作業ではありません。目は疲れ、腰も肩も痛くなります。しかしいくつかある装飾技法の中でも、特にカザフ女性の間では、かぎ針刺繍が好まれます。それには理由があります。第一に、刺繍は準備さえしていれば、手があいたときに場所を取らずに好きなだけできるという点。刺繍は家事で忙しい女性たちの味方です。第二に、単純な作業の繰り返しは、

カザフの女性たちにとって無心になれるひと時を与えてくれる楽しい時間でもあります。自由に形を変え、色を選択できる刺繍は、自分の気持ちを素直に表すことができる大切な表現手段なのです。

かぎ針刺繍の手元の様子。大方の人は文様の下絵を描いてそれをなぞるように刺繍する。

4｜受け継がれる伝統文化

作り続けられるトゥス・キーズ

　1990年代になり、モンゴルにおいて社会主義体制が崩壊すると、社会は再び混乱状態に陥りました。社会主義期の間は国から仕事も給料も与えられて、生活物資も不自由なく揃っていたのに、突然その全てが途絶えてしまったのです。バヤン・ウルギー県のカザフ人も例外なく困窮し、生きていくためにはなんとか自力で現金を得る必要がありました。

　そんな時、彼らは自分たちのところにやってきた外国人たちにトゥス・キーズを売り始めたのでした。その後、カザフ鷹匠文化が海外からの注目を集め、観光客が頻繁に訪れるようになると、古いトゥス・キーズはどんどん手放され、バッグやポーチなどにリメイクされて販売されるようにもなりました。

　日本でトゥス・キーズの展示会をしていると、「お母さんからもらった素敵な布を手放すなんてもったいない」とお客様に言われることがあります。母親が心を込めて作ってくれたものを手放すことに彼らは全く抵抗がない、といえばそれは嘘になります。しかし、基本的にトゥス・キーズそのものは代々受け継がれるようなものではありません。母親のトゥス・キーズを手放したある現地女性に聞いてみると、「少し寂しいけど、でもまた作ればいいから」と答えます。

　母親が作ったトゥス・キーズは、結婚した子供たちが作る新しい家族に向けて贈られ、その成長をかたわらで見守り、寄り添い、やがてその役目を終えて手放されます。成長した家族の中で立派な「母親」となった女性たちは、かつて自分が刺繍布を贈られたことを思い出し、今度は自分の子供に新しいトゥス・キーズを作ります。彼らにとって、古いものを手放して新しいものを作るということは、自分の成長を示すことにも繋がります。

　大きな枠を抱えながら、何度も何度もかぎ針で布を刺して、トゥス・キーズを1枚完成させる作業は、決してたやすいことではありません。それでも人々は自分の力で刺繍しようとします。親が子を、人が人を想う気持ちが続く限り、カザフ刺繍は受け継がれ、トゥス・キーズは作り続けられるのでしょう。

chapter ii
カザフの伝統文様

カザフの刺繍壁掛け布「トゥス・キーズ」に
施されている伝統文様から、
刺繍しやすいモチーフを取り出し、
現代的なアレンジも加えています。
全て図案つきで、刺繍の仕方も紹介。
ワンポイントで刺繍してもいいですし、
これらの文様を組み合わせて、
大きな刺繍をしても楽しめます。

＊本書では、カザフ特有の形を指す時は「文様」、
カザフに限らない形をさす時は「模様」と表現しています。
刺繍制作＝カブディル・アイナグル

縁に施す装飾模様

шет өрнек
チェト・ウルネク

縁あるいは文様と文様の境界線を示す装飾模様のことをカザフ語でチェト・ウルネクといいます。

図案▶ p.060

ала құрт
「まだらな虫」
万物の二面性を示すストライプ模様。

ирек
「曲線」
装飾のひとつ、リボンの代わりとしても多用されます。

дөңгелек
「円形」
同じ形を〝ビタミン〟と呼ぶ人もいます。

үшбұрыш ала құрт
「三角模様の虫」
「まだらな虫」(アラ・コルト)の技法を応用して三角形の模様を表現。

бидай бас
「麦の頭」
現代のカザフ人の食生活において小麦は重要な食材のひとつ。

бидай
「麦」
麦や植物の形も、装飾として好まれます。

角の形状を用いた縁に施す装飾模様

мүйіз шет өрнек
ムイズ・チェト・ウルネク

カザフ語で角のことをムイズという。多くがヒツジの角の美しさを示した文様。
ヒツジの角をモチーフにした文様は豊かさを象徴します。

図案▶p.061

сыңар мүйіз
「側面から見たヒツジの角」
ヒツジが連なっている様子を示します。

сыңар өкше
「片足のかかと」
ヒツジのかかとの形をイメージして作られたもの。

қошқар мүйіз
「種雄ヒツジの角」
子孫を残す種雄は豊穣の象徴でもあります。

құс мұрын мүйіз
「鳥のくちばしのような角」
鳥はイヌワシを示します。イヌワシの鼻をモチーフに角をイメージして作られた文様。

文様のアクセントとしての模様

қолтырмаш
コルタルマシ

コルタルマシは、文様の中にアクセントを与えるものとして使う、小さな装飾文様・模様です。鳥の鼻の形のような角文様、蛇の形のような角文様、花と角を合わせた文様など、その種類は多様にあります。

図案▶p.062-064

қос мүйіз қолтырмаш
「対の角文様」

жылан мүйіз қолтырмаш
「蛇のような角文様」

құс мұрын мүйіз қолтырмаш
「鳥のくちばしのような角」

қошқар мүйіз
「種雄ヒツジの角」

мүйіз
「角」

жылан мүйіз
「蛇のような角」

құс мұрын мүйіз
「鳥のくちばしのような角」

қос мүйіз
「対の角」

қошқар мүйіз
「種雄ヒツジの角」

гүл мүйіз қолтырмаш
「花と角」

ала құрт мүйіз қолтырмаш
「まだらな虫と角」

қос мүйіз қолтырмаш
「対の角」

文様のアクセントとしての花模様
қолтырмаш
コルタルマシ

花の文様・模様にはそれぞれに個別の名称が与えられていません。グル гүл「花」やジャパラク жапырақ「葉」といった植物の模様は、美しい自然環境がいつまでも残されていくことを願って用いられます。

図案▶p.065

гүл
「花」1

гүл
「花」2

гүл
「花」3

гүл
「花」4

гүл
「花」5

гүл
「花」6

正方形に組み合わせた角文様
Төртбұрыш мүйіз ою
トゥルトブルシ・ムイズ・オヨー

カザフ語で文様のことをオヨーという。オヨーと呼ばれる文様には、「角」が含まれなければいけません。

図案▶p.066-067

гүлді кұс мұрын мүйіз
「花と鳥のくちばしのような角」
曲線的な部分で角を表現し、左上と右下の白く色を変えている部分で花・植物を表現。

қошқар мүйіз
「種雄ヒツジの角」
曲線的な文様だけを用いて、力強い種雄の角を表現。

Ай мүйіз
「月のような角」
三日月を組み合わせたような形で表現された角文様。

гүлді құс мұрын мүйіз
「花と鳥のくちばしのような角」
曲線的な部分で角を表現し、左下の白く色を変えている部分で花・植物を表現。

民具の縁の装飾用模様
бардақ
バルダグ

家具・民具の上部に施される装飾のことをカザフ語でバルダグということから、
このような民具の縁につける細いライン状の文様全般のことも、バルダグと呼ばれるようになりました。

図案▶p.068

сыңар өкше
「片足のかかと」
＋
гүл қолтырмаш
「花」

қос мүиіз
「対の角」
＋
құс мұрын мүйіз
「鳥のくちばしのような角」
＋
гүл қолтырмаш
「花」

リボンの柄のような文様

Таспа ою
タスパ・オヨー

リボンの柄を表現した細長い模様・文様のことを、タスパ・オヨーといいます。
昔は高価で手に入りにくかったリボンのかわりに、刺繍を施しました。
角や花の形を多様に組み合わせて構成します。

図案▶ p.069

қошқар мүйіз　　　гүл
「種雄ヒツジの角」　+　「花」

қошқар мүйіз　　　ала құрт
「種雄ヒツジの角」　+　「まだらな虫」

қошқар мүйіз　　　қос мүйіз　　гүл
「種雄ヒツジの角」　+　「対の角」　+　「花」

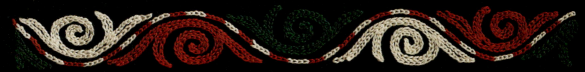

құс мұрын мүйіз　　　ала құрт
「鳥のくちばしのような角」　+　「まだらな虫」

帯状の文様

құр
コル

カザフ語で幅の広い紐のことをコルといいます。
転じて、幅広い帯状の形を表現する文様全般も、コルと呼ばれるようになりました。

図案▶p.070-071

қос қошқар мүйіз
「対の種雄ヒツジの角」
+
сыңар мүйіз
「側面から見たヒツジの角」
+
ала құрт
「まだらな虫」

қос мүйіз
「対の角」
＋
гүл қолтырмаш
「花」
＋
ирек
「曲線」
＋
ала құрт
「まだらな虫」

円形に組み合わせた文様
дөңгелек мүйіз ою
ドゥンゲレク・ムイズ・オヨー

カザフ語で円形のことをドゥンゲレクといいます。円の中に様々な模様を刺繍します。

図案▶p.072-075

дөңгелек + қошқар мүйіз + гүл қолтырмаш + бидай
「円形」　「種雄ヒツジの角」　　　「花」　　　「麦」

дөңгелек + қос қошқар мүйіз + қошқар мүйіз қолтырмаш + ала құрт
「円形」　　「対の種雄ヒツジの角」　　「種雄ヒツジの角」　　「まだらな虫」

дөңгелек + мүйіз + гүл қолтырмаш + дөңгелек ирек
「円形」　　「角」　　　「花」　　　　「円形の曲線」

дөңгелек + бесбұрыш + қошқар мүйіз + ала құрт
「円形」　「五角形」　「種雄ヒツジの角」　「まだらな虫」

腎臓文様

бүйрек
ブイレク

腎臓文様は豊かさを象徴します。この文様は腎臓文様を4つ組み合わせて構成。

図案 ▶ p.076

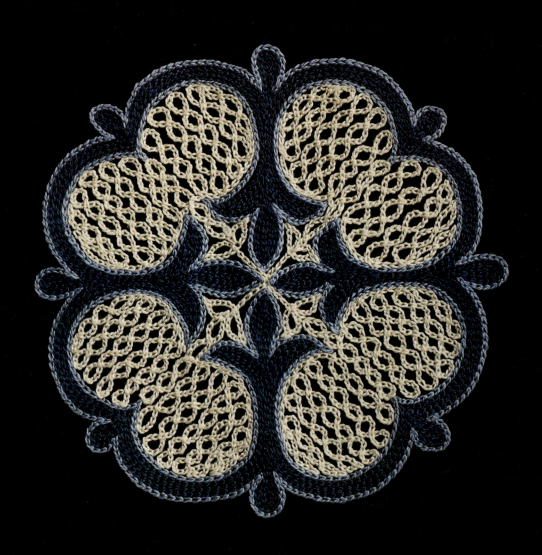

бүйрек
「腎臓」

菱形に組み合わせた文様
шаршымүйіз ою
チャルチャ・ムイズ・オヨー

菱形の中に様々な模様を刺繡します。1970年代頃にこのスタイルが流行しました。

図案▶p.077

шаршы + құс мұрын мүйіз + ирек
「菱形」　「鳥のくちばしのような角」　「曲線」

花を集めた模様
Көп гүлдер жинағы
クプ・グルデル・ジナガ

現代的なアレンジが施された模様。
中央アジアからもたらされた絨毯などの模様に影響を受けたともいわれます。

図案 ▶ p.078

гүл + жапырақ + мүйіз
「花」　「葉」　　「角」

5枚の花びらを持つ花
Бесбұрыш гүл
ベルブルシ・グル

現代的なアレンジが施された模様。1980年代のトゥス・キーズに見られます。

図案▶p.079

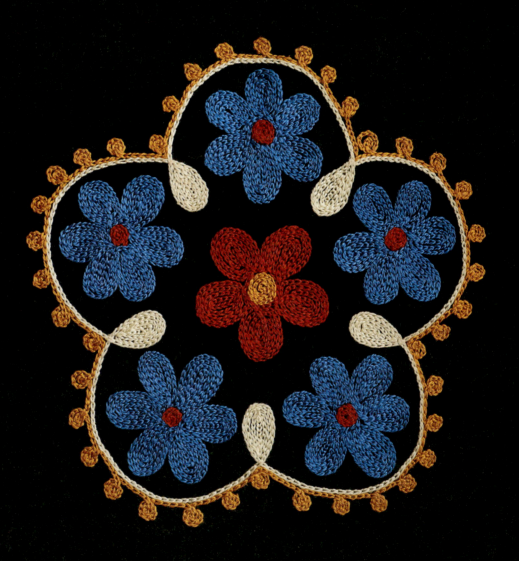

гүл + дөңгелек
「花」　「円形」

用意するもの

1｜45cm四方ほどの木枠
布を張るための枠。画材用の木枠で可。

2｜刺繍用コピーペーパー（チャコペーパー）
図案を布に写すための紙。

3｜トレーシングペーパー
図案を写しとるための紙。薄い紙で代用可。

4｜セロファン
図案をなぞる時にトレーシングペーパーの上に重ねると、破れるのを防ぐ。

5｜ペン
図案をトレーシングペーパーに写す時に使用。サインペン、鉛筆など。

6｜トレーサー
図案をなぞり、布に写す時に使用。ボールペンで代用可。

7｜テープ
なぞった図案を布に留めるために使用。

8｜たこ糸
布を木枠に張るために使用。太い綿糸であればOK。

9｜とじ針
たこ糸を通せるくらい、大きな針穴があるものを使用。

10｜刺繍糸
本書ではDMCの8番糸を使用。1本どりで撚りが強い糸がよい。

11｜ハサミ
糸を切る時に使用。

12｜かぎ針
刺繍するための針。本書ではレース針の8号を使用。

13｜刺繍用の布
本書では綿のツイルを使用。厚地が刺繍しやすくておすすめ。薄手でもリネンは刺繍しやすい。

カザフ刺繍用の木枠（写真右側）を購入希望の方は下記までご連絡ください。
NPO法人北方アジア文化交流センターしゃがぁ
tel. 050-3553-0302　メールアドレス npo@shagaa.com

作り方

図案を布に写す

あらかじめ、刺繍したい図案の上にトレーシングペーパーを載せ、図案を写しておきます。コピーでも可。

1　布の上に刺繍用コピーペーパーを置き、写した図案を載せ、テープで留める。セロファンを一番上に重ね、トレーサーで図案をなぞる。

2　布に図案が写る。

枠に布を張る

1　図案を写した布を木枠の中に置く。布は木枠の中央ではなく、端に寄せる。

2　たこ糸を1mほどの長さに切り、とじ針に通し、糸端は玉結びにする。布に上から刺し、枠の下を通して、最初に刺した箇所から5cmほど離して、隣に刺す。

3　5cmほどの間隔で、木枠に糸を巻き付けながら、布がピンと張るように縫い留めていく。

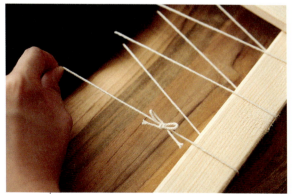

4　たこ糸がなくなったら、新しい糸を結んでつなげる。後でほどけるように蝶結びにする。

5　4辺を縫い留めていく。

6　布をピンと張るために、糸を引き締め、余分な緩みをとる。4で蝶結びにした箇所も、緩みが出たら、結び直す。

7　4辺を縫い留め終えたら、糸端を留める。固結びにはしないで、後でほどける結び方にする。まずは糸端を矢印の方向に通す。

8　写真のように人差し指を入れて、糸をしっかり引き締める。

9　糸端を矢印の方向に回す。

10　糸端を輪にして通す。

11　輪を引き締める。

12　布を木枠に張り終えたところ。糸が後でほどけるようにするのは、糸を再利用するため。

13　木枠よりも大きな布を張る場合は、布を木枠に巻き付ける。

木枠の抱え方、かぎ針の持ち方

木枠の2点の角を、わき、足の間に軽く挟みます。1辺を机に接するように抱えます。両手を使って刺繡をするので、手で木枠を支えることはしません。かぎ針は写真のように握り、親指を上にします。

刺し方〈線〉

まずは線で練習しましょう。わかりやすくするために、ここでは刺繍糸は太めの5番糸を使用しています（本書では8番糸を推奨）。糸端は玉結びにしておきます。

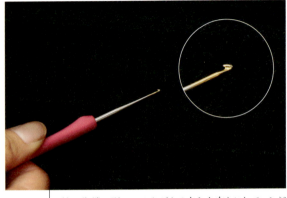

1　針の先端の引っかかりがある方を上向きにして、かぎ針を軽く握る。親指が上になるように持つ。

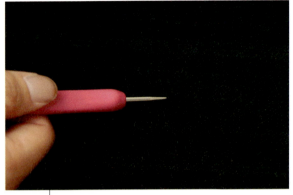

2　布にかぎ針を刺す。

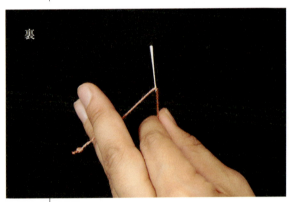

3　左手親指と人差し指、中指と薬指で玉結び側の糸を挟むように持ち、裏に出たかぎ針に糸をかける。

4　かぎ針を引き抜く。

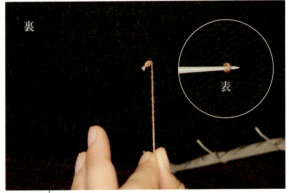

5　糸を引き締める。その時、布の表にあるかぎ針に糸はかけたままにする。

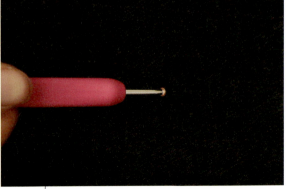

6　かぎ針に糸をかけたまま、1mmほど隣にかぎ針を刺す。

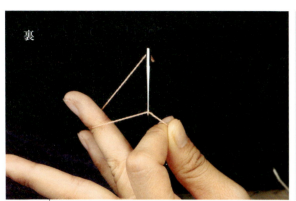

7 　裏に出たかぎ針に、糸をかける。親指と人差し指で糸を挟むように持ち、薬指(中指でも可)を使って糸をかける。

8 　かぎ針を引き抜く。輪の中を糸が通る。

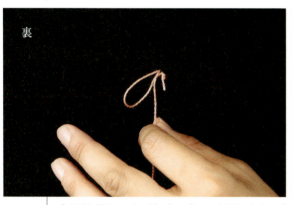

9 　糸を引き締める。その時、布の表のかぎ針に糸はかけたままにする。

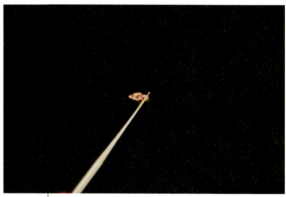

10 　鎖のような目が1目できた

11 　7〜10を繰り返す。

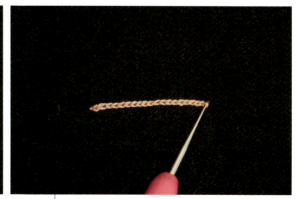

12 　だんだん鎖の線になってくる。

糸端の始末

最後の糸端は、布の裏に出るようにします。玉どめはしません。

1　刺繍を終えたら、輪の部分を直径2cmくらいに引き出し、輪の真ん中をハサミで切る。

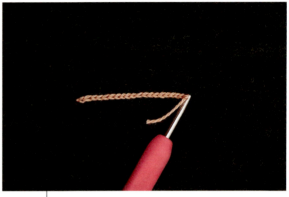

2　糸を1本裏から引き抜き、糸端を1本のみ表に残す。残した糸の根元のすぐ隣にかぎ針を刺す。

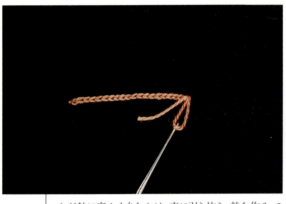

3　かぎ針に裏から糸をかけ、表に引き抜き、輪を作る。この輪を使い、残った糸端を布の裏側に通す（次工程）。

4　かぎ針に糸端をかけ、輪の中に通す。

5　裏から糸を2本同時に引き抜く。表で輪の中に入れていた糸端が輪になって裏に出てくる。引き抜けば1本になる。

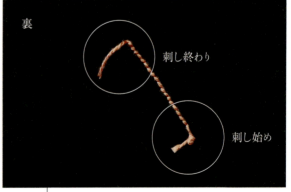

6　糸端が裏に出てきたところ。糸端は1〜2cm残して切る。刺し終わりは玉どめをしない。ほつれてくることはない。

糸の変え方

糸の色を変える時や、糸がなくなった時はこの方法を使います。

1　糸を変える目にかぎ針を刺す。

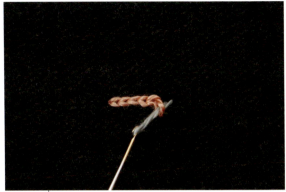

2　裏で変えたい色の糸をかぎ針にかけ、表に引き抜く。新しい糸の糸端は裏で玉結びにしておく。

3　刺繍していく。

4　色を変えたいところで、1、2と同様に糸をかけ変える。

5　刺繍していき、最後は左頁を参照して糸端の始末をする。

6　裏から見たところ。糸端は1〜2cm残して切る。終わりは玉どめをしない。途中で色を変えた糸の始末はしなくてよい。ほつれてくることはない。

裏

糸の始末はしなくてよい

刺し方〈モチーフ〉　p.033下段左の「対の角」を例に刺繍していきます。

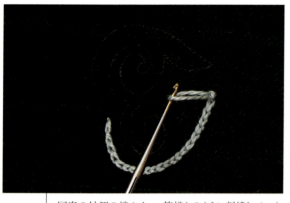

1　図案の外側の線から、一筆描きのように刺繍していく。刺繍の向きを変える時は、最後の目の中から、輪を直径2cmくらいに引き抜く。

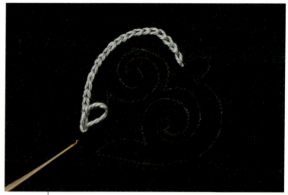

2　刺繍しやすいように、木枠を180度持ち変える。輪からかぎ針を抜き、刺したい方向の1mmほど隣に刺す。ここが方向を変えるポイントになる。

3　裏から針に糸をかけ、表に引き抜く。

4　1で引き抜いた目がなくなるまで、3の糸を引く。

5　4で残った目の中にかぎ針を刺す。

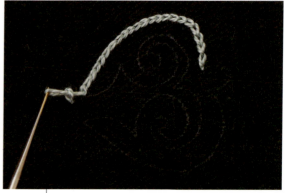

6　裏から糸をかけ、引き抜く。

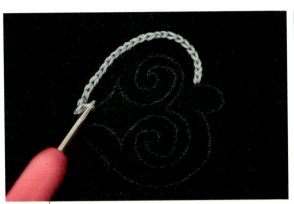

7　方向転換して刺繍していく。

8　角のところで方向転換しながら刺繍していく。

9　一周したら、最初の目の中にかぎ針を刺し糸端の始末をする。

10　外側のラインにそって、内側を刺繍していく。

11　内側を一周したところ。隙間があるところを埋めるように刺繍していく。

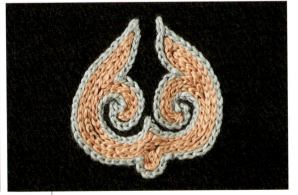

12　隙間を埋めて、ひとつのモチーフが完成。

縁に施す装飾模様

写真 ▶ p.030

使用糸
DMC8番糸［生成り（ECRE）｜赤（347）｜緑（319）］

刺繍のポイント
線は往復で刺繍する。「三角模様の虫」は糸を変えながら線で刺繍していく。

|75%縮小|

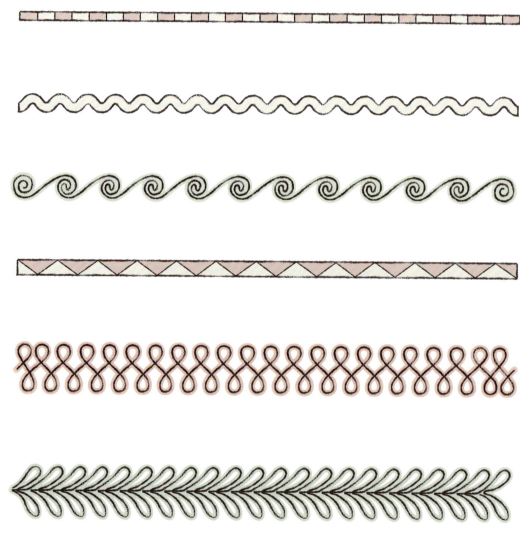

- 上にトレーシングペーパーを載せて写しとるか、コピーをして使用する。
- 図案の縮小率は実物に対してものもの。図案の大きさを変えたい場合は、コピーで拡大縮小する。
- 刺繍糸は全て1本どりで使用。好みの色に変えてよい。
- 図案の外周を一筆書きのように刺繍してアウトラインを描き、中を埋めていく。

角の形状を用いた縁に施す装飾模様

写真 ▶ p.031

使用糸
DMC8番糸 [生成り (ECRE) | 赤 (347) | 緑 (319)]

|75%縮小|

文様のアクセントとしての模様

写真 ▶ p.032

使用糸
DMC8番糸［生成り（ECRE）｜赤（347）｜緑（319）］
｜85%縮小｜

文様のアクセントとしての模様

写真 ▶ p.033

使用糸
DMC8番糸［生成り（ECRE）｜赤（347）｜緑（319）］
｜実物大｜

文様のアクセントとしての模様

写真 ▶ p.034

使用糸
DMC8番糸 ［生成り（ECRE）｜赤（347）｜緑（319）］

｜85%縮小｜

文様のアクセントとしての花模様

写真 ▶ p.035

使用糸
DMC8番糸［生成り（ECRE）｜赤（347）｜緑（319）］
｜実物大｜

正方形に組み合わせた角文様

写真 ▶ p.036

使用糸
DMC8番糸［生成り（ECRE）｜赤（347）｜緑（319）］

｜70%縮小｜

正方形に組み合わせた角文様

写真 ▶ p.037

使用糸
DMC8番糸［生成り（ECRE）｜赤（347）｜緑（319）］
｜70%縮小｜

民具の縁の装飾用模様

写真 ▶ p.038

使用糸
DMC8番糸［生成り（ECRE）｜赤（347）｜緑（319）｜薄藍（3760）｜水色（932）｜青緑（991）］
｜65％縮小｜

リボンの柄のような文様

写真▶p.039

使用糸
DMC8番糸［生成り（ECRE）｜赤（347）｜緑（319）］

｜70%縮小｜

帯状の文様

写真 ▶ p.040

使用糸
DMC8番糸［生成り（ECRE）｜赤（347）｜橙（922）｜緑（319）］

｜65%縮小｜

帯状の文様

写真▶p.041

使用糸
DMC8番糸［生成り（ECRE）｜赤（347）｜緑（319）｜薄緑（367）］

｜65%縮小｜

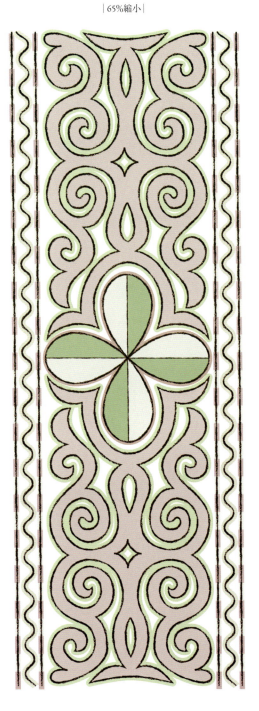

円形に組み合わせた文様

写真 ▶ p.042

使用糸
DMC8番糸［青磁（927）｜レンガ（3328）｜薄藍（3760）］
｜90%縮小｜

円形に組み合わせた文様

写真 ▶ p.043

使用糸
DMC8番糸［生成り（ECRE）｜赤（347）｜山吹（783）｜薄藍（3760）］

｜70%縮小｜

円形に組み合わせた文様

写真 ▶ p.044

使用糸
DMC8番糸［青磁 (927)｜サンゴ (758)｜アズキ (223)｜真紅 (815)｜レンガ (3328)｜黄土 (422)］
｜90%縮小｜

円形に組み合わせた文様

写真 ▶ p.045

使用糸
DMC8番糸［生成り（ECRE）｜アズキ（223）｜赤（347）｜薄藍（3760）｜ヒスイ（503）］
｜85％縮小｜

腎臓文様

写真▶p.046

使用糸
DMC8番糸［生成り（ECRE）｜藍（930）｜水色（932）］

|90%縮小|

菱形に組み合わせた文様

写真 ▶ p.047

使用糸
DMC8番糸［生成り（ECRE）｜緑（319）｜青緑（991）｜黄緑（469）］
｜80%縮小｜

花を集めた模様

写真▶p.048

使用糸
DMC8番糸［アズキ（223）｜レンガ（3328）｜赤（347）｜橙（922）｜緑（319）｜青緑（991）｜薄緑（367）］

｜95％縮小｜

5枚の花びらを持つ花

写真▶p.049

使用糸
DMC8番糸［生成り（ECRE）｜赤（347）｜山吹（783）｜薄藍（3760）］

｜85％縮小｜

chapter iii
華麗なるトゥス・キーズの世界

天幕型住居「キーズ・ウイ」の内部を覆う、
刺繡壁掛け布「トゥス・キーズ」。
家族への愛情を表現したトゥス・キーズ。
刺繡の文様や配置、糸の素材なごには変化があり、
その時代の暮らしや流行がうかがえます。

制作に3年かかったという心のこもった力作。1973年作。結婚する時に新婦が自ら作ったもので、縫い目に触れると凹凸がはっきりわかるほど丁寧に縫い込まれている。制作者によると、夜はろうそくの灯りを使って作り続けたという。

1981年作。トゥス・キーズに白い布が選ばれることは極めて珍しい。模様は1980年代に中央アジアで流行した花模様。誰かへの贈り物として制作された。

1974年作。文様の形に切った布を緞に刺繡して縫い付けている。下部には「お父さん、お母さん、新年おめでとう。健康でいてください」とメッセージが入っている。

結婚記念に作られたもの。中央にはカザフ人が家畜として扱うヒツジ、ヤギ、ウマ、ウシ、ラクダと平和を象徴するハトが刺繍されている珍しいデザイン。豊かさと平和への願いが込められている。推定1960年代作。

1970年後半から1980年代に流行した花柄。カザフの女性は、親戚や友人宅のトゥス・キーズに美しいものがあれば、こぞって真似して作っていたという。流行したということは多くのカザフ人女性にこの模様が好まれたということ。

1957年に作られたトゥス・キーズ。中央下の赤い布の部分には、元は別の刺繍布が付けられていた。このトゥス・キーズのような複雑な曲線を多用した文様は、難易度が高く、現在はあまり用いられない。

腎臓文様をあしらったトゥス・キーズ。推定1960年代作。多くの家畜を屠(ほふ)ることができる状態を想起させる腎臓文様は、家族に幸せをもたらすものといわれ、好んで使われる。

左上|トゥス・キーズの一番下の部分に小さな花模様がひとつ。ところどころに小さい文様が縫われていることがあり、制作者の遊び心を感じる。
右上|白いトゥス・キーズ(p.084)の一部。模様の内側に空白を残したり、補色で縁を縫わずにおくことで、柔らかい印象に。
左下|アイナグルの祖母が作ったという古い刺繍布の一部。推定1940年代後半制作。赤と白のコントラストが美しい。
右下|1957年作のトゥス・キーズ(p.089)の一部。制作者の名前や制作年代が、どこかに縫われていることがある。

1969年作のトゥス・キーズ。このトゥス・キーズの持ち主は、「石炭を買うお金がなくて困っている」と言って、廣田に購入を持ち掛けた。8番の刺繍糸を使って作られた、多色使いの美しい逸品。

1979年作のトゥス・キーズ。トゥス・キーズ上では、カザフ文様はたいてい赤色で表現される。文様の縁には緑や青など補色が使われて、より一層文様が目立つような組み合わせになっている。

左上｜1973 年作のトゥス・キーズ (p.082-083) についていたミミズクの足。ミミズクの羽の模様はコーランの文字に似ているといわれ、お守りとして使用されている。
右上｜1969 年作のトゥス・キーズ (p.086-087) の一部。制作者の名前と思われる。
左下｜1976 年作のトゥス・キーズ (p.088) の下の部分。花の形の内側の小さな丸はつぼみをイメージしている。
右下｜1960 年代に作られたとみられるトゥス・キーズ (p.090) の一部。腎臓の形は角文様とともに組み合わせて花の形のように表現される。

アイナグルが作ったトゥス・キーズ。2007年に嫁いだ長女のために作ったトゥス・キーズと同じ文様を使って、2014年に廣田の依頼で制作。糸はアイナグルが夫と共にミシン糸を6本取りで撚ったものを使用。

カブディル・アイナグルの刺繍世界

本書の刺繍図案と制作を手がけた、カザフ人刺繍作家・カブディル・アイナグルは、1962年、モンゴル国バヤン・ウルギー県に生まれました。その刺繍技術の高さ、デザインの独自性は群を抜いており、カザフ刺繍の第一人者です。彼女の刺繍に対する想いや、カザフ刺繍文化の背景について聞きました。

アイナグルが夏の間だけ使用する天幕型住居の内部。彼女自身が縫ったたくさんの美しいトゥス・キーズが飾られている。

幼少の頃から手仕事に親しむ

バヤン・ウルギー県にあるアイナグルの自宅の壁には、色鮮やかで美しい刺繍布が掛けられています。どれも彼女自身が作ったもの。刺繍をしているところを見せてもらうと、目にも止まらぬ速さ。アイナグルほど速く刺繍する人はウルギーでも珍しい存在。どのようにしてこのカザフ刺繍を学んだのでしょうか。

「私の母は服や家に飾る装飾品を作る工場で働いていて、家でもよく裁縫をしていました。そんな母を見て育ったので、私も物心ついた頃には裁縫に興味を持っていました。8歳の頃には、小さな布を集めて手縫いでスカートを作りました。大人たちはそんな私を見て『この子は将来、絶対縫い子になるわ』と言っていたほどです。刺繍も10歳くらいから見よう見まねで始めました。母は仕事が忙しく、私の手を取って最初から教えてくれたことはありません。だから、母がいない時に、母が途中まで刺繍したものの糸を全部引っ張って解き、自分流に勝手に縫い直して、練習していました。母が縫っていた刺繍の上に、勝手に2羽の鳩を刺繍したことも。それが見つかった時、母はとても怒っていましたが、それでも私は諦めずに母の刺繍をこっそり奪っては練習をしていました。するとある日、母が私のための針と枠と布を用意してくれたのです。本当に嬉しくて、それからは毎日ずっと縫っていました。私には姉が5人いますが、姉たちとは比べ物にならないくらいたくさん練習しましたね」

幼い頃から刺繍への興味が人一倍だったアイナグル。

刺繍をしているアイナグル。目にも止まらぬ速さで手を動かし続ける。

10歳の頃から刺繍を始めたことに驚きますが、さらに驚くのは初めて刺繍の壁掛け布（トゥス・キーズ）を縫った年齢です。
「初めてトゥス・キーズを縫ったのは12歳くらいだったと記憶しています。その頃には刺繍だけではなくて、カザフに伝わる他の手芸技法も大体習得していました。当時私たちの家には椅子があまりなかったので、フェルトでスルマックという敷物をたくさん作っていたのです。母や祖母がしょっちゅうフェルトを縫っているのを、小さい頃からずっと横目に見ながら、『ああ〜、私も早くおばあさんになってスルマックを作りたいわ』と願っていました。母は『焦らなくても大丈夫よ』と笑って言い、私にもどんどん手伝いをさせてくれるようになりましたね」

刺繍をビジネスにする

手仕事に親しみながら成長していき、1980年代にロシアのモスクワに留学してデザインの勉強をします。その経験を活かして、帰国後はウルギーの劇場のメイクや衣装の担当として働いていました。ですが1992年、60年以上続いた社会主義体制が崩壊したことにより、モンゴルは社会的にも経済的にもそれまで経験したことがないような大混乱に陥りました。
「社会主義が崩壊すると、給料が支払われなくなり、仕事を辞めざるを得ませんでした。私たちには自分でビジネスを始める以外には他に生きていく方法がありませんでした。でもビジネスなんて、何をしていいかわからなくて、とにかく試行錯誤の日々。何も仕事がなくて、家にいるだけというのも時間がもったいないので、私は家に飾るための装飾品をたくさん作ったのです。するとその装飾品を売ってほしいという親戚たちが現れました。最初は微々たる金額でしたが、もしかしたらこれがビジネスになるかもしれないと思うようになりました」

こうしてアイナグルは、1996年にウルギーで最初のカザフ刺繍の専門店をオープンします。これが彼女にとって、大きな転機になりました。
「最初の頃は私が商品を作って、子供たちが店番をしながら、たまにやってくる観光客に小物を売っていました。ウルギーの人たちからは、『そんなもの誰が買うんだ』と笑われることもありましたが、観光客が少しずつ増えてくると、だ

アイナグルと彼女の母親が作ったフェルトの敷物スルマック。今も彼女の家で使われ続けている。

夫のカディルベックさんと。いつも仲がよく、お互いを心から想い合い、支え合っている夫婦。

んだん商品も人の目に留まるように。店を始めて2年が過ぎたころでしょうか。その頃ウルギーでは、まだまだたくさんの女性たちが、仕事に就けず収入がなくて困っていました。そんな女性たちに、かぎ針刺繍と商品作りを教えて回ろうと思いついたのです」

アイナグルは生活のための商品作りを教えるだけでなく、カザフ人に刺繍そのものを教える活動を始めます。

「実は、カザフ人の間でかぎ針刺繍が廃れてしまった時期がありました。その理由はいろいろです。1980年代後半くらいからクロス・ステッチ刺繍が流行したことがきっかけで、かぎ針刺繍離れが起こり、そうこうしているうちに社会的な大混乱が起こって刺繍を楽しむ時間的余裕すらなくなり、さらに生活スタイルが急激に変化していく中で若い世代が刺繍に関心も持たなくなってしまった、というわけです」

カザフの刺繍文化を伝える活動

このままではひとつの文化が失われてしまうかもしれない、と思ったアイナグルはカザフ人の間で昔から受け継がれてきたものを伝える必要があると感じました。そこで、夫に協力を求めて、バヤン・ウルギー県内のあちこちを回って、カザフの女性たちにかぎ針刺繍を教えるという活動を始めます。

「店を運営していたおかげで少し貯金があったので、そのお金で女性たちがもの作りをする環境を整えられると思ったのです。刺繍に必要な糸や布、枠、針を準備して、女性たちを一か所に集めて簡単なレクチャーをしました。か

普段使用している刺繍糸。カディルベックさんが率先して糸作りを手伝っている。

これまでに集めてきた文様資料の一部。自ら書き写して覚えることで作品作りに反映させている。

ぎ針刺繍をしたことがない人には縫い方を教えて、ある程度縫える人には商品制作を教えました。教えに行った場所は、バヤン・ウルギー県内の5か所です。ウルギー市、サグサイ郡、オラーン・ホス郡、バイン・ノール郡、トルバ郡を訪れました。それぞれ遠く離れているので、ガソリン代を負担するのが大変でしたが、ウルギー市内にある"ブルー・ウルフ"という旅行会社の代表のカナットさんが支援をしてくれ、何より夫が活動に協力的で助かりました。彼が運転をして、一緒に各地を回ったのですよ」

夫のカディルベックさんも伝統文化を重んじる気持ちを強く持ち、夫婦でカザフ刺繍の普及と存続に力を注いでいます。

「カザフの伝統文様を本にして残したいと思っています。カザフ人が使い続けてきた文様を後世に伝え残したい、決して忘れてはいけないと思っています。本当にたくさんの文様があるのですが、私も綺麗な文様を見つけた時は、写真を撮ったり、絵を描いて集めています」

新しい取り組み

アイナグルは、伝統文様だけではなく、オリジナル文様も作って、商品化しています。常に新しいものに取り組んでいますが、文様に対してどのように考えているのでしょうか。

「みんなそれぞれの頭の中に伝統のカザフ文様の形が基

彼女がアイディアを出して作ったオリジナル作品。左はウイ形のティーポットカバー。右の調理用ミトンはビンテージトゥス・キーズをリメイクしたもの。

本としてあって、その形に自分なりの"美しさ"を加えて変化させて、それを新たな形の文様として使っているのだ。そうして自分の思う美しい文様を何度も繰り返し生み出すことによって、最終的に自分の形（文様）を作り出すことができるのではないでしょうか。これが私にとっての文様に対する解釈です」

アイナグルが作る「ウイ」（カザフの天幕型住居）の形を文様で表現したティーポットカバーは、まさに彼女ならではの文様の使い方です。

「最初にカザフの伝統的な家の形が頭に浮かんできて、この形を文様で埋め尽くしたらきれいだろうな、と思って作りました。あの作品には、"家"というものが"文様"、つまり"よきもの"で満たされますようにという願いを込めています。この作品を真似したものが、お祭りの会場で売られているのを見たことがあります。その瞬間、言ってやりました。『その文様にどういう意味が込められているかわかっている？わからないなら作らないで、それは私の世界だから』と」

アイナグルのプロ意識の高さと、文様に対する思いの強さには、並々ならぬものがあります。そして刺繍スタイルそのものが、誰にも真似できません。

「特定の商品に対して自分が発案したという自負はあります。ウイの形のティーポットカバー以外に、調理用のミトンを考案しました。でもね、ウルギーのカザフ人の悪いところでもあるのですが、何かひとついいものが出てきたら、みんなそれをすぐ真似してしまうの。なので似たり寄ったりの商品が多くなってしまう。けれど私の作品には、はっきりと私らしさが出ているから、比べて見てもらえればすぐにわかると思います」

アイナグルはバヤン・ウルギー県だけでなく、2018年に初来日し、ワークショップを通じてカザフの刺繍や文様を日本に紹介しました。

「日本人にはウルギーでも何度も会ったことがありますが、日本という国でたくさんの日本の方と触れ合うことは初めての経験だったので、とても新鮮でした。まず彼らが他人に対して常に尊敬の心を持った人々であるということを感じました。そして手仕事を尊重し、手仕事の難しさや大変さをよく理解する人々なのだと思いました。それからびっくりするほど仕事をする。新幹線に乗った時、移動中でも熱心にパソコンで仕事をしている人をたくさん見て驚きました。自分が一生懸命だからこそ、他人の仕事に対してもその労をねぎらい、価値を見出してくれるのでしょうね。とにかく思慮深い人たちだと思います」

日本にとても親近感を持ったというアイナグル。この本を手にとってくれた読者へのメッセージをいただきました。

「とにかく、『ありがとう』と伝えたい。私はできるなら皆さんに直接教えたいという気持ちでいっぱいです。カザフのかぎ針刺繍は、私たちにとってとても大切なひとつの文化であり、ひとつの世界であるので、皆さんがこれに関心をもって学んでくれることは、本当に光栄に思っています」

オリジナルの文様を使った作品について説明するアイナグル。天幕型住居の形をカザフ文様によって表現している。

chapter iv
身近な服や小物に取り入れて

カザフ刺繍をバッグやブラウスなどに取り入れて
楽しんでみませんか? 伝統文様をベースにアレンジし、
自由な発想と配色で刺繍しました。
この刺繍図案を参考に、カザフの人々に思いを馳せ、
針を動かしてみてください。

刺繍制作=カブディル・アイナグル

花と葉の模様 A
<small>バッグ</small>

輪郭線のない花と葉の模様は、優しくモダン。
そのままバッグに大きくあしらったデザインです。

図案▶p.114

バッグ
花と葉の模様 B

輪郭線のある花と葉の模様は、配色がポイントです。
色の組み合わせを自由に楽しんでください。

図案 ▶ p.115

ブラウス
花と葉の模様 C
三角形に大胆に配置した花と葉です。
手持ちのブラウスやTシャツに刺繍してもおもしろい。

図案 ▶ p.116

ブラウス
腎臓模様

カザフの伝統文様である家畜の腎臓を
アレンジしたデザインです。

図案 ▶ p.117

ワンピース
花と葉の模様 D、E

縦に花と葉を配置したデザインは、同じパターンをつなげて長くできます。
円の中に花と葉を配置したデザインは、いろんなものにアレンジしやすいです。

図案 ▶ p.118-119

スカート
角模様 A

角模様は配色によっては、波のように見えます。
スカートの裾のほか、シャツやパンツの裾にあしらっても素敵です。

図案 ▶ p.120

ストール
角模様 B
四角の中にきっちり配置した美しい模様。
ストールだけでなく、いろいろなものに応用できるデザインです。

図案 ▶ p.121

サロペット
角模様 C

角を大きな三角形に配置。
流れるようなデザインが洗練されています。

図案▶p.122

花と葉の模様 A
<small>バッグ</small>

写真 ▶ p.104

使用糸
DMC8番糸［アズキ（223）｜真紅（815）｜緑（319）｜藍（930）｜薄藍（3760）｜薄緑（367）］

｜50％縮小｜

- 上にトレーシングペーパーを載せて写しとるか、コピーをして使用する。
- 図案の縮小率は実物に対してのもの。図案の大きさを変えたい場合は、コピーで拡大縮小する。
- 刺繍糸は全て1本どりで使用。好みの色に変えてよい。
- 図案の外周を一筆書きのように刺繍してアウトラインを描き、中を埋めていく。

^{バッグ}
花と葉の模様 B

写真 ▶ p.105

使用糸
DMC8番糸［生成り（ECRE）｜サンゴ（758）｜アズキ（223）｜真紅（815）｜橙（922）｜緑（319）｜水色（932）｜ヒスイ（503）］

｜50％縮小｜

ブラウス
花と葉の模様 C
写真 ▶ p.106

使用糸
DMC8番糸［アイボリー（739）｜山吹（783）］

｜60%縮小｜

ブラウス
腎臓模様
写真▶p.107

使用糸
DMC8番糸［サンゴ（758）｜赤（347）｜薄藍（3760）｜水色（932）］

|80％縮小|

|実物大|

ワンピース
花と葉の模様 D

写真 ▶ p.108-109

使用糸
DMC8番糸［アズキ (223)｜真紅 (815)｜ヒスイ (503)｜藍 (930)｜薄藍 (3760)｜緑 (319)］
｜実物大｜

ワンピース
花と葉の模様 E

写真 ▶ p.108-109

使用糸
DMC8番糸［アイボリー (739)｜青磁 (927)｜サンゴ (758)｜アズキ (223)｜真紅 (815)｜緑 (319)｜藍 (930)｜薄藍 (3760)｜ヒスイ (503)］

｜75%縮小｜

スカート
角模様 A

写真 ▶ p.110

使用糸
DMC8番糸［灰緑（926）｜赤（347）｜藍（930）｜薄藍（3760）｜水色（932）］

｜40%縮小｜

ストール

角模様 B

写真 ▶ p.111

使用糸
DMC8番糸［灰緑（926）｜レンガ（3328）｜藍（930）｜薄藍（3760）］

｜50%縮小｜

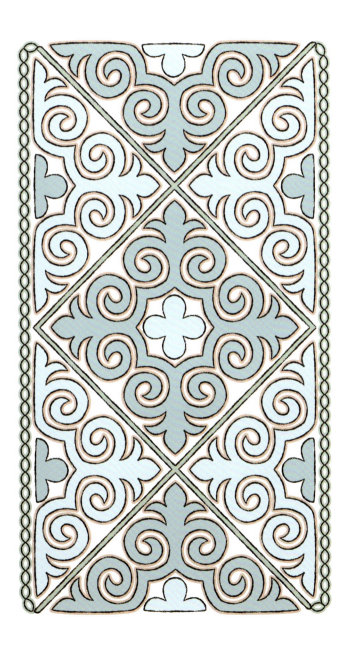

サロペット
角模様 C
写真 ▶ p.112-113

使用糸
DMC8番糸［アイボリー（739）｜茶（840）］

｜45％縮小｜

カザフ刺繍を見ることができる博物館

本物のトゥス・キーズを見たい、カザフの文化に触れたい、
という方におすすめの博物館です。

国立民族学博物館

国立民族学博物館(みんぱく)は、大阪の万博記念公園にある文化人類学と民族学をテーマにした世界最大級の民族学博物館。研究者が世界各地で収集した生活用具や民族衣装など、約34万5000点を所蔵。本館の展示は、世界を9つの地域に分けた地域展示と、音楽や言語の通文化展示からなり、オセアニアを出発して東回りに世界を一周する構成となっています。衣食住などの生活用具を中心とした約1万2000点の展示資料には、カザフの天幕もあり、トゥス・キーズがどのようにして使われているかを見ることができます。年に数回の特別展や企画展も開催されていて、世界のさまざまな文化に触れることができます。

大阪府吹田市千里万博公園10-1
tel 06-6876-2151
http://www.minpaku.ac.jp
開館時間＝10:00～17:00（入館は16:30まで）
休館日＝水曜日
観覧料＝一般580円、大学生250円、高校生以下無料

北海道立北方民族博物館

北半球のおもに寒帯、亜寒帯気候の地域に暮らす北方民族の文化と歴史を研究し、これらの民族への理解を深めることを目的として設立された博物館。北方地域を専門とする点で日本では唯一の、そして世界的にも数少ない民族学博物館です。東はグリーンランドのエスキモーから、西はスカンディナビアのサミまで、広く北方の諸民族の文化を対象とし、それぞれの民族ごとに完結する手法をとらずに、衣食住、生業、精神文化といった分野ごとのテーマにもとづいて構成されています。カザフのトゥス・キーズも常設展示されています。

北海道網走市字潮見309-1
tel 0152-45-3888
http://hoppohm.org
開館時間＝9:30～16:30（7～9月は9:00～17:00）
休館日＝月曜日（2、7～9月は休館日なし）
観覧料＝一般550円、大学生、高校生200円、中学生以下と65歳以上は無料

北方アジア遊牧民博物館

北海道羊蹄山麓にある博物館。小さな建物ですが、とんでもなく大きな天空の下、大草原、大森林、大山脈に生活する智慧ある人々の生活を紹介しています。「草原での生活」「タイガでの生活」「アルタイ山脈での生活」「宗教と音楽・美術」の4つのコーナーで、貴重な民具類が展示され、カザフの天幕型住居（キーズ・ウイ）の内部を間近に体感することができます。遊牧文化に関する講義を受けたり、実技が体験でき、理事長の西村幹也氏による博物館案内解説ツアーもあります。来館は予約制。

北海道虻田郡京極町川西304-4
tel 050-3553-0302
https://www.shagaa.com
開館時間＝11:00～16:00 不定期開館
観覧料＝高校生以上500円、中学生以下無料
予約は電話、またはHPにて

かぎ針以外のカザフ刺繍

カザフ人はかぎ針に限らず縫い針でも刺繍します。ここでは彼らが用いる技法の一部を紹介。これらの刺繍は、かぎ針刺繍と同様に、クッションカバーや枕カバー、寝具まわりの飾りを作る時に使用され、住居内部を美しく飾ります。

バスパ・ケステ
баспа кесте

カザフ文様の内側を埋める時に使われた技法です。いわゆるサテン・ステッチと同じようにまっすぐな基本線を縫い、その基本線に同じ糸を2〜3回巻き付けていきます。縫い目の感覚を極力詰めながらこの作業を繰り返します。ウズベクのスザニと呼ばれる刺繍布にも、同じ技法が使われています。ちなみにバスパという言葉は、カザフ語で「押す」を意味するバソ (басу) という動詞が派生したものといわれています。

チュラシ・ケステ
тырыш кесте

チュラシという言葉は、カザフ語で「断崖、崖、縁」という意味です。縁を飾るときに使われることからこのように名付けられたといわれています。いわゆるオープン・チェーン・ステッチの一種で、チェーン・ステッチの足元を開いて刺し、チェーン・ステッチと比べると縫い目が広がっています。チュラシ・ケステは、オープン・チェーン・ステッチが二列になるように縫い進めます。かぎ針刺繍は基本的に1m四方ほどの大きな枠を抱えながら行うため、刺繍する時に肩と腰に大きな負担がかかり、年配の女性は徐々に縫えなくなっていくことから、針で行うこれらの刺繍が使われたようです。文様の内側を埋めるためにバスパ・ケステが、文様の外側を縁取るためにチュラシ・ケステが使われました。

コル・ケステ
кол кесте

サテン・ステッチと同じ技法です。カザフ人はコル・ケステの技法を用いて、花や幾何学模様を刺繍します。

クレスト
крест

クロス・ステッチと同じ技法です。コル・ケステもクレストも、バヤン・ウルギー県では1970年代から学校教育の一環で女子学生たちに教えられました。

シプレツ・ケステ
Шприц кесте

専用の縫い針の先端に糸を通し、布に刺して引き抜くと表面にパイル生地のように糸が出てきます。肌触りがふわふわした縫い目の刺繍になります。シプレツはロシア語で「注射器」全般を意味する。

テベン・ケステ
тебен кесте

2014年頃から流行した技法で、テベンと呼ばれる太くて長い針に毛糸を通して縫う刺繍です。正方形の下書きに沿って、外側から順になぞるように、正方形の中が埋まるまで刺していきます。簡単なので、カザフの若い女性の間で人気です。

おわりに

　カザフ刺繍の世界に魅せられて、カザフの文化を研究するという全く予期していなかった道に進むことになって、10年という時が過ぎました。カザフ刺繍と出合ったのも、その優れた継承者であるアイナグルさんと出会ったのも、全く偶然のできごとでしたが、運命のようなものを感じています。

　アイナグルさんを日本に招聘したいという願いは、彼女と出会った当初からずっと抱いていましたが、なかなか勇気を持てずにいました。2017年の夏、私自身が踏み出さなければこのまま一生何も変わらないと思い至り、アイナグルさんに来日を持ちかけました。すると彼女は、「少し不安はあるけれど、廣田と一緒なら大丈夫」と言ってくれ、その言葉に勇気をもらい、私はようやく不安を吹っ切ることができました。

　2018年1月。2週間という短い期間ながらも、NPO法人しゃがぁの協力を得て、遂にアイナグルさんは日本にやってきました。企画に関心を寄せてくださったたくさんの方々に支えられて、困難を乗り越えながら全国7か所で刺繍ワークショップを開催しました。そして、それがきっかけとなって、この本を出版するお話をいただいたのです。

　本の制作もまた、決して簡単なことではありませんでした。思うように作業が進まない時は焦りも感じましたが、編集、デザイナー、カメラマンの皆様の素晴らしい技術とチームワークのおかげで、こうして無事に完成させることができました。

　招聘企画も、本の制作も、二人の夢だったことを、たくさんの人々に支えられて遂に実現させることできました。しかし、これは決してゴールではありません。これからも一層、様々な形でカザフ刺繍・手芸文化の面白さを発信していきたいと思っています。今後の展開を見守っていただけましたら、幸いです。

　最後になりましたが、良きパートナーであり師匠であるアイナグルさん、いつも陰で活動を支えてくれる両親、カザフの人々と出合うきっかけを下さった西村幹也さん、この本の制作に関わってくださった全ての方々、そして、この本を手に取ってくださった読者の皆様に、心から御礼申し上げます。

　　　　　　　　　　　　　　　　　　　　廣田千恵子

　どんな時も共に仕事をして支え合う私の娘・廣田千恵子へ、そして日本でもたくさんお世話になった方々へ、いつも私を支えてくれる主人のカディルベックへ、本の出版に関わってくださった全ての皆様へ、言葉では言い尽くせない感謝の気持ちを届けたいです。これまでの取り組みの中で、私たちに経済の面から協力をしてくれる日本の友達とも出会うことができました。皆様にも心からの感謝の気持ちを伝えたいです。

　カザフ刺繍がカザフの人々だけではなく、日本の、そして広く世界の人々に愛されるものになりますように。カザフの手芸の更なる発展を願っています。

　　　　　　　　　　　　　　　　　カブディル・アイナグル

廣田千恵子（ひろた・ちえこ）

1988年生まれ。東京外国語大学モンゴル語科在籍中にモンゴル国に語学留学し、カザフ刺繍に出合う。その後、さらに2年間モンゴル国西部バヤン・ウルギー県にてカザフ人家庭に居候しながら、カザフの文様と装飾技法について学ぶ。2014年よりカザフ刺繍ワークショップや展覧会を全国各地で不定期に開催。2018年に師匠であるカブディル・アイナグル氏を日本に招聘するプロジェクトを行うなど、様々な形でカザフ文化の魅力を紹介する活動を継続している。NPO法人しゃがぁ専従スタッフを経て、現在は千葉大学大学院博士後期課程在籍中。日本学術振興会特別研究員DC2。SNSを通じてカザフ文化に関する情報発信をおこなう。
Twitter: @Chieko_Hirota
Instagram: @chieko_hirota

カブディル・アイナグル
Хавдыл Айнагүл

1963年、モンゴル国バヤン・ウルギー県ウルギー市生まれ。名前の意味は「鏡（アイナ）の花（グル）」。幼少の頃からカザフのかぎ針刺繍技法に興味を持ち、練習を重ねる。モスクワのデザイン学校に3年間留学し、帰国後に結婚。その後は劇場の衣装製作や専門学校での縫製の講師などを経て、1996年にウルギー市初のカザフ刺繍の専門店を開業した。現在は自宅にて制作活動を続けつつ、若い世代への指導なども行っている。布の上に文様を描くことなく、自由自在に刺繍することができる稀有な存在。2018年1月に日本に初来日し、全国7か所でカザフ刺繍ワークショップを開催。日本向けの商品の製作、販売も行う。

参考文献

- 「モンゴル国カザフ人の装飾文化」廣田千恵子 (2017) アフロ・ユーラシア内陸乾燥地文明研究叢書 15, 87-150, 中部大学中部高等学術研究所
- 「カザフ刺繍」廣田千恵子 (2017) 毛糸だまvol.175, 日本ヴォーグ社
- 「カザフ遊牧民の移動：アルタイ山脈からトルコへ 1934-1953」松原正毅 (2011) 平凡社
- 「Хасаг ардын үндэсний хээ（カザフ民族の文様）」Алтангэрэл.С 1967 Улаанбаатар
- 「Ою өрнек ой айтар моңғолия қазақтарының ою өрнектері（文様に関する知識の伝えるべきこと——モンゴルのカザフ人の文様たち——）」Ақайқызы.З 1996 Раұан
- 「Қазақтың кесте өнері（カザフの刺繍技術）」Баталова.Э.Н 2009 Алматыкітап
- 「Қазақ халқының қолөнері（カザフ民族の手芸）」Қасиманов.С 1995 Алматы
- 「Nomadic felts」Stephanie Bunn 2010 British Museum Pubns Ltd.

図案・刺繍制作
Хавдыл Айнагүл（カブディル・アイナグル）

執筆・現地写真撮影
廣田千恵子

撮影
鈴木静華

デザイン
三木俊一（文京図案室）

地図・図案トレース
小池百合穂

編集
春日一枝（Bahar）

プリンティングディレクション
山内明（大日本印刷）

協力
Шакиртбай Кадирбек（シャキルトバイ・カディルベック）
坂井弘紀（和光大学）
Rungta http://rungta.jp

刺繍材料・用具提供
ディー・エム・シー株式会社 https://www.dmc.com
株式会社 越前屋 https://www.echizen-ya.co.jp
チューリップ株式会社 https://www.tulip-japan.co.jp

伝統の文様と作り方
中央アジア・遊牧民の手仕事 カザフ刺繍

NDC594

2019年8月19日　発　行
2022年8月1日　第2刷

著者
廣田千恵子
カブディル・アイナグル

発行者
小川雄一

発行所
株式会社 誠文堂新光社
〒113-0033 東京都文京区本郷3-3-11
電話 03-5800-5780
https://www.seibundo-shinkosha.net/

印刷・製本
大日本印刷 株式会社

©2019, Chieko Hirota
Printed in Japan
検印省略
禁・無断転載

落丁・乱丁本はお取り替え致します。

本書のコピー、スキャン、デジタル化等の無断複製は、著作権法上での例外を除き、禁じられています。本書を代行業者等の第三者に依頼してスキャンやデジタル化することは、たとえ個人や家庭内での利用であっても著作権法上認められません。

※ただし、p.060〜079、114〜122掲載の図案に関しては、私的利用に限り、コピーしてお使いください。

本書に掲載された記事の著作権は著者に帰属します。これらを無断で使用し、展示・販売・レンタル・講習会などを行うことを禁じます。

JCOPY〈(一社)出版者著作権管理機構 委託出版物〉
本書を無断で複製複写（コピー）することは、著作権法上での例外を除き、禁じられています。本書をコピーされる場合は、そのつど事前に、(一社)出版者著作権管理機構（電話03-5244-5088／FAX 03-5244-5089／e-mail:info@jcopy.or.jp）の許諾を得てください。

ISBN978-4-416-51955-4